SON PASSAGE

A MARSEILLE

8, 9, 10 Septembre 1860

PAR

BARTHÉLEMY

MARSEILLE
CAMOIN FRÈRES, LIBRAIRES-ÉDITEURS
Rue Saint-Ferréol, 4

1860

SON PASSAGE A MARSEILLE

(651.)

TYPOGRAPHIE ARNAUD ET C*e*, CANNEBIÈRE, 10, MARSEILLE

SON PASSAGE

A MARSEILLE

10 Septembre 1860

PAR

BARTHÉLEMY

MARSEILLE
CAMOIN FRÈRES, LIBRAIRES-ÉDITEURS
Rue Saint-Ferréol, 4

1860

SON PASSAGE

A MARSEILLE

Ce qui n'est qu'un récit, qu'un écho, pour l'oreille
De tant d'autres cités, jalouses de Marseille,
L'histoire de ce règne, éclatant de rayons,
Traverse notre ville, où nous la coudoyons.
Depuis plus de dix ans, en traits ineffaçables,
Toute guerre a marqué son début sur nos sables;
Combien avons-nous vu, du sommet de nos tours,
D'électriques départs, de splendides retours!

C'est de nos ports, du flanc des steamers d'où s'épanche
Une écharpe fumeuse, une auréole blanche,
Que se sont élancés, à vaincre toujours prompts,
Des milliers de soldats, fantassins, escadrons,
Pour rebondir en bloc aux rives africaines,
Gymnase du triomphe et des grands capitaines ;
C'est de là que s'ouvrit l'incomparable vol
Des aigles dont la serre a pris Sébastopol ;
De là que, par deux fois, au cri qui les rallie,
Jaillirent les héros, soutiens de l'Italie ;
De là que sont partis les bataillons marins
Qui, près du fleuve Jaune, orgueil des mandarins,
De la Grande-Muraille ébranleront l'enceinte,
Et ceux qui, se croisant pour une guerre sainte,
Vont venger, vers Beyrouth, précédés par l'effroi,
Les fils des vieux Chrétiens qu'y vengea Godefroi.
Oui, de toute grandeur Marseille est solidaire :
Le tremplin de la gloire est son embarcadère.

. Et voilà qu'en nos murs, palpitants devant lui,
Un passager plus grand apparaît aujourd'hui,
Celui qui, s'écartant de l'ornière banale,
Fait mouvoir de si haut l'ère nationale,
Celui qui, de ses plans déroulant les largeurs,
Donne l'ordre de route à tant de voyageurs
Et lance sur la scène, aux bouillonnants cratères,
Les plus vaillants acteurs des drames militaires ;
Celui dont un seul mot, qui de ses lèvres sort,
Souffle, en tous lieux, l'élan, la vie et le ressort.

D'où vient-il ? De Châlons, de ce vieux territoire
Qui des Francs chevelus remémore l'histoire.
Il apparaît, traçant de lumineux chemins
Jusqu'au bout de l'Empire agrandi par ses mains ;
Il a touché la rive où Lyon se pavane
Dans sa robe de soie, ainsi qu'une sultane,
Et trempe ses pieds blancs aux bords du bain profond
Où le Rhône à la Saône, en grondant, se confond ;

Il a franchi l'Isère et Grenoble et la porte
Que son Oncle brisa, son nom seul pour escorte;
Il vient de saluer la cime du Mont-Blanc,
Géant qui, désormais, rattache sur son flanc
Le fastueux manteau de sa neige éternelle,
Pour garder nos confins, comme une sentinelle;
Sa main a prodigué des serrements étroits
A ce peuple, trahi par le Congrès des rois,
Terre qui, tous les jours, depuis mil-huit-cent-seize,
Porta le juste deuil de n'être plus française;
Il est allé, de là, reposer son essor
Dans les vallons où Nice étend ses vergers d'or,
Nice, berceau de fleurs, d'odorantes corbeilles
Où l'Empire est heureux de semer ses abeilles.

Où va-t-il maintenant? Comment doit-il finir
Ce long voyage? Il va, plein d'un grand souvenir,
Dans cette île, saillante à jamais sur la carte,
Dans l'île du destin qui lança Bonaparte;

Il veut voir cette Corse, asile triomphant,
Où dormait tout un monde au berceau d'un enfant ;
Domestiques foyers, émouvante demeure,
Qui se consoleront, n'y serait-il qu'une heure,
De n'avoir pas revu, sous leur soleil fécond,
Le premier Empereur, en voyant le second.
Enfin, vers le Midi, tournant plus loin la proue
Du navire emporté par l'écumante roue,
Il ira visiter ces ports, ces arsenaux
Qu'enveloppe l'Atlas sous ses vastes créneaux ;
Il ira, d'un regard, d'un éclair de génie,
Activer, féconder la grande colonie
Qui doit, un jour, après tant d'efforts surhumains,
Ressusciter pour nous l'Afrique des Romains.

Et partout, en courant à travers vingt contrées,
En calèche, à cheval, sur les routes ferrées,
Il prescrit des canaux, des ponts, des bois, des ports,
Décrète des moissons sur de fétides bords,

Restaure le château, console la chaumière
Et verse partout l'air, l'espace et la lumière.

Pourquoi vient-il ici ? Pour revoir, à loisir,
Nos murs qui n'avaient pu qu'un moment le saisir ;
Pour compter les progrès dont chaque jour décore
Notre ville si grande et qui grandit encore,
Qui gémit de n'avoir que trois larges bassins,
Qui, malgré tout son peuple augmenté par essaims,
Trouve encor, tant pour lui ce règne est tutélaire,
Que le bras manque à l'œuvre et la peine au salaire ;
Qui, dans ses monuments, sans en compter le prix,
S'associe à l'essor qui transforme Paris.
Il veut se promener sur l'aire théâtrale,
Sur le môle où surgit la neuve Cathédrale,
Et, sur le flot qui bat la plage de Séon,
Circuler du vieux port au Port-Napoléon ;
Il verra, dans son luxe encor préparatoire,
Sa villa que soutient un riant promontoire ;

Il verra le surcroît de nos prospérités,
Depuis que nos vaisseaux, par lui surexcités,
Des nœuds prohibitifs ont rompu les entraves,
Comme lorsqu'à la chaîne on soustrait les esclaves.
Il vient enfin, il vient ouvrir à deux battants
Les portes d'un palais attendu si longtemps.

Date à jamais célèbre ! honneur de nos archives !
Nous pouvons recevoir le plus grand des convives ;
Le Commerce, après tant de siècles révolus,
D'un opprobre notoire enfin ne rougit plus ;
La rivale de Tyr, de Sidon, de Carthage,
Qui lui donnait à peine une échoppe en partage,
Qui ne lui sut offrir, pendant plus de mille ans,
Qu'une salle d'emprunt et des toits chancelants,
Enfin, pour ce beau jour, sur un terrain plus ample,
Érige son palais et promulgue son temple.
Aux yeux de l'étranger il peut s'en faire orgueil ;
Sans honte pour lui-même il en franchit le seuil ;

Il peut en parcourir, maintenant, les portiques
Dont les arts ont brodé les pierres poétiques,
Œuvre monumentale, aux insignes décors
Dont Puget, sur son marbre, admire les trésors :
Au dedans, un plafond où court développée
L'histoire des aïeux, notre longue épopée,
Notre grandeur moderne et nos humbles débuts ;
Les quatre angles parés de savants attributs,
La haute balustrade où plane la figure
De l'Hôte impérial, Celui qui l'inaugure.
Au dehors, des gradins dont la hauteur s'unit
Au péristyle vaste et bordé de granit,
Où l'innombrable foule errera sans contrainte ;
Dix colonnes de face, aux feuilles de Corinthe,
Huit écussons, portant les noms justement chers
Des grands navigateurs qui fouillèrent les mers ;
Et, plus bas, aspirant les orageuses plaines,
Quatre rostres anciens, quatre fortes poulaines
Qui semblent s'élancer du mur, en se guidant
Vers le Sud et le Nord, vers l'Est et l'Occident.

Voilà quelle est l'enceinte, encor veuve et déserte,
Qui par vous, le premier, SIRE! doit être ouverte;
Et cet acte de vous, ne sera pas traduit
Comme un spectacle vain qui passe avec la nuit,
Mais comme un sûr garant, votre parole en gage,
Du Commerce abrité sous votre patronage,
De votre bras nerveux, tendu pour soutenir
Sa fortune qu'appelle un immense avenir.
Voilà quel est le but, la profonde pensée
De la fête publique en votre honneur dressée ;
C'est là, qu'à notre table, heureux de vous asseoir,
Vous recevrez nos vœux, saluts du dernier soir,
Les regrets, les adieux de Marseille en personne.
Mais d'un si prompt départ, avant que l'heure sonne,
Marseille veut distraire un moment vos soucis
Par des jeux, répandus sur des jours trop concis :
Son *Prado* suspendra des cristaux diaphanes,
Des girandoles d'or aux rameaux des platanes ;

Dans un de ses châteaux elle fera , pour vous ,
D'un bal vertigineux bouillonner le remous ,
Tandis qu'on entendra , près de la noble salle ,
Sauter, au tambourin , la gaîté provençale ;
Elle vous conduira , sous l'azur de nos cieux ,
Par un calvaire , encor ignoré des essieux ,
Jusques dans la chapelle , où notre IMPÉRATRICE
Invoquera pour vous la Vierge protectrice ;
Elle a , pour vous surprendre , inventé des Etna
Sur des monts qu'un flambleau jamais n'illumina ;
Nos ténébreux vallons lanceront des étoiles ;
Quatre Vapeurs , portant des feux entre leurs voiles ,
En se croisant sans fin , sur le parquet de l'eau ,
D'un quadrille magique offriront le tableau.
Le fort du Château-d'If , que chaque jour délabre ,
Paraîtra flamboyant comme un haut candélabre ;
Les deux îles qu'unit une hydraulique chaux ,
Changeant leurs rocs massifs en immenses réchauds ,
Jetteront des éclairs sur la rade agrandie ,
Comme deux grands vaisseaux livrés à l'incendie.

Voilà ce que jamais Marseille ne fit voir
Avec sa belle mer pour bordure et miroir.

—

Pour moi, que le hasard a conduit sur ces rives,
Où je laissais couler mes heures inactives,
Sans prévoir, en traînant ces loisirs ennuyeux,
Qu'un si grand épisode éblouirait mes yeux ;
Moi qui n'ai rien perdu de ma chaleur natale,
Sous trente hivers brumeux, deuil de la Capitale,
Moi qui, toujours pour vous, Sire, élevai ma voix,
Même avant le grand jour qui vous mit au pavois,
Je viens, plein de la verve à Marseille infusée,
Je viens jeter aussi mon ardente fusée
Vers l'astre voyageur qui passe en ce moment
Et qui luira, trois nuits, sur notre firmament.

www.ingramcontent.com/pod-product-compliance
Lightning Source LLC
Chambersburg PA
CBHW070438080426
42450CB00031B/2719